AF311396

À Monsieur Bayle
Professeur à l'École des Mines
Hommage respectueux:
Ed. Gréau

L'ÉCOLE DES MINES

DE PARIS

Paris. — Typographie HENNUYER ET FILS, rue du Boulevard, 7.

L'ÉCOLE DES MINES

DE PARIS

HISTOIRE — ORGANISATION — ENSEIGNEMENT

ÉLÈVES-INGÉNIEURS ET ÉLÈVES EXTERNES

PAR

Ed. GRATEAU

INGÉNIEUR CIVIL DES MINES

PARIS

LIBRAIRIE POLYTECHNIQUE

NOBLET ET BAUDRY, ÉDITEURS

RUE DES SAINTS-PÈRES, 15

MÊME MAISON A LIÉGE

—

1865

Il n'est point nécessaire de faire ressortir l'importance des études qui ont pour but le progrès dans la production des matières premières indispensables à l'existence des nations, et nul ne conteste le rôle prédominant de l'agriculture. Mais, à côté de l'exploitation rurale, qui assure la vie matérielle des populations, l'industrie, qui crée leur richesse et favorise leur développement, réclame ses droits : il lui faut aussi des éléments, qu'elle transformera de mille manières pour les approprier aux besoins, aux exigences des sociétés modernes, et la base de toutes ces fabrications repose sur la production régulière et suffisante du combustible minéral et des divers métaux.

A ce point de vue, l'exploitation des mines et la métallurgie doivent être rangées sur la même ligne que l'agriculture. Industries mères et vivifiantes, elles s'attachent aux richesses minérales, de même que l'agronomie utilise celles du règne végétal et du règne animal. Le mineur met en valeur le sous-sol, dont la superficie est fécondée par le travail du laboureur, et le métallurgiste fait subir à ses produits bruts les élaborations complexes qui permettent d'en retirer le fer dont sont faits le soc de la charrue, les instruments de la paix aussi bien que ceux de la guerre, le cuivre, le plomb, l'or, l'argent, en un mot tous les métaux usuels dont l'antiquité avait déjà éprouvé le besoin, et qui sont devenus absolument indispensables à notre vie sociale.

Quelques chiffres feront de suite saisir toute l'importance de l'industrie minérale pour la France seulement, qui, cependant, n'occupe pas encore le rang auquel elle a droit de prétendre sous ce rapport. D'après les travaux statistiques de l'administration des mines, la production minéralurgique de la France, en 1859, s'est ainsi répartie :

	Quantité produite en quintaux métriq.	Valeur en francs.
Houille..........	74,825,718	94,979,163
Tourbe..........	3,593,199	3,391,084
Minerai de fer.....	35,342,731	12,116,352
Minerais de plomb, cuivre, etc......	»	3,572,417
Fonte............	8,561,523	116,658,084
Fer..............	5,200,992	157,657,633
Aciers de forge et de cémentation..	190,541	12,320,029
Plomb...........	405,127	25,183,727
Cuivre...........	88,289	23,832,250
Zinc.............	1,689	84,456
Argent...........	48,591^k	10,959,013
Or..............	76,600^g	262,640

Ces nombres suffisent pour faire apprécier notre production minérale indigène, et prouver qu'il ne s'agit point là d'une industrie artificielle, vivant à la faveur d'une protection décevante, mais bien d'une source de richesses réelles que la France doit s'appliquer à utiliser chaque jour davantage.

Cette vérité qui, sans doute, sera banale chez nous dans quelques années, a cependant besoin d'être répétée aujourd'hui, tant est grand encore le nombre des personnes qui affirment que l'exploitation des mines françaises est propre seulement à engloutir des capitaux qui, placés ailleurs, auraient été productifs, et que notre sol ne recèle que des gisements généralement sans avenir. En Angleterre, au contraire, l'esprit de la nation s'est dirigé vers l'extraction de la houille et des minerais, et le génie commercial de ce peuple industriel n'a cessé de multiplier ses efforts nonseulement pour profiter de conditions spécialement avantageuses, mais aussi pour triompher des difficultés techniques et des crises financières. L'Allemagne a de toute antiquité été la terre promise du mineur. On y exploite souvent les mines par un véritable sentiment d'amour de l'art, ainsi que nous en trouvons l'exemple dans le régime si curieux du Harz, où la spéculation n'a aucune prise, mais où la sagesse prévoyante d'un gouvernement paternel règle chaque année la somme de travail nécessaire pour assurer l'existence d'une population laborieuse.

Des conditions diverses dans lesquelles chaque pays a placé l'exploitation des mines, il est résulté des différences dans la diffusion des lumières et dans la science théorique et pratique du mineur. Créées en Allemagne dès le moyen âge, les écoles des mines ne datent que d'hier en Angleterre. Elles prirent naissance, en France, à l'époque de vigoureuse régénération de 89, et elles sont encore aujourd'hui trop peu connues, malgré les nombreux services qu'elles ont rendus.

Tandis que l'agriculture réclame des écoles supérieures, dont le besoin se fait sentir vivement, l'art des mines et la métallurgie possèdent chez nous, depuis trois quarts de siècle, d'importants établissements d'instruction. Nous nous proposons de faire connaître le but et l'organisation de l'école de Paris, et nous croyons en cela rendre service à la cause de l'industrie minérale et aux personnes qui ont souvent de la peine à réunir, sur une carrière trop peu encouragée parmi nous, les renseignements propres à les éclairer.

L'ÉCOLE DES MINES

DE PARIS

I

HISTORIQUE.

L'exploitation des mines fut à peu près complétement négligée en France jusqu'au milieu du siècle dernier, ou du moins elle ne prit quelque développement que dans des circonstances spéciales et sous des influences personnelles, qui, en s'éteignant, laissaient tomber dans l'oubli les travaux entrepris. A plus forte raison doit-on renoncer à chercher avant l'époque de la Révolution aucune tentative sérieuse pour doter le pays d'une école propre à former des hommes spéciaux pour mettre en valeur les richesses minérales de son sol. C'est à l'Allemagne qu'on allait demander des mineurs et des métallurgistes chaque fois qu'on essayait d'utiliser quelque gisement important.

Dans son curieux recueil intitulé : *Les anciens minéralogistes du royaume de France* (1779), Gobet cite un traité fort rare : « *Les mines d'argent trouvées en France, ouvrage et police d'icelles*, par François Garrault, sieur des Gorges, conseiller du roy et général en sa cour des monnoyes

(1579). » Ce mémoire fut rédigé en faveur des habitants de Chitry-en-Nivernais, où une mine avait été découverte sous Charles VIII, et concédée au sieur de Bèze par lettres patentes de 1493. Les gentilshommes de Bèze s'occupèrent activement de cette exploitation, et, manquant d'ouvriers habiles, formèrent et instruisirent eux-mêmes les habitants, constituant ainsi, dit Gobet, une école de mineurs au sein du royaume. Cette instruction, toute pratique et complétement étrangère à un régime d'études méthodiques tel que nous le comprenons aujourd'hui, exerça cependant la plus heureuse influence sur la prospérité de la mine.

Louis XVI fut le premier protecteur de l'enseignement des sciences minéralurgiques en France. Dès l'année 1769, les actes de concession stipulaient que le concessionnaire serait tenu de payer annuellement, pour l'entretien d'une école dite de *mineurs* ou de *mines*, une somme de 200 à 800 livres, pendant la durée de la concession. Cette clause paraît être restée lettre morte, ou du moins le projet d'école ne fut pas réalisé. Mais on y revint, et un arrêt du Conseil d'État du 13 janvier 1776 commit le caissier de la petite poste de Paris pour recouvrer les contributions des entrepreneurs de mines, destinées à l'entretien d'une école de mines, en même temps que les taxes prélevées sur les entrepreneurs des carrosses de place des villes de Lyon, Bordeaux et autres, devaient être affectées à l'entretien d'écoles vétérinaires.

Un arrêt du 15 septembre 1776, relatif aux carrières de la généralité de Paris, renfermait une disposition qui, d'ailleurs, n'eut pas de suite, concernant la création d'une école de géométrie souterraine.

Sage fut le véritable promoteur de l'Ecole des mines. Sur

ses instigations, des lettres patentes du roi, en date du 11 juin 1778, décidèrent la création d'une école publique et gratuite de minéralogie et de métallurgie docimastique. Limité d'abord à une chaire unique, cet enseignement, qui se faisait dans l'une des grandes salles de l'hôtel des Monnaies, fut confié à Sage lui-même, qui reçut des appointements de 2,000 livres.

La nomination de quatre inspecteurs des mines (21 mars 1781) fut bientôt suivie de l'arrêt du Conseil d'État du 19 mars 1783 portant établissement d'une École des mines, à l'instar de celle qui, sous le règne précédent, avait été fondée avec succès pour les ponts et chaussées. Deux chaires y étaient instituées. Le premier professeur enseignait la chimie, la minéralogie et la docimasie ; le second devait enseigner la physique, la géométrie souterraine, l'hydraulique et la manière de faire avec le plus de sûreté et d'économie les percements, et de renouveler l'air dans les mines ; il devait aussi faire connaître les machines nécessaires à l'exploitation et la construction des fourneaux. Le premier cours fut confié à SAGE, le second à DUHAMEL. L'abbé CLOUET enseignait les langues étrangères.

La durée des études était de trois ans.

Au souffle puissant de l'esprit de régénération qui ébranla l'Europe en 1793 surgirent des institutions nouvelles, qui ont laissé des traces profondes, et dont beaucoup ont survécu pour s'améliorer et servir de modèles aux autres peuples. Les écoles, les administrations s'improvisèrent. Une pléiade d'hommes illustres jaillit comme par enchantement, et un système nouveau d'enseignement universel fut créé de toutes pièces. Sciences, arts, belles-lettres eurent leurs représentants, leurs professeurs, leurs élèves. Ne suffit-il pas de citer les admirables créations de l'Institut, de l'École polytechnique, de l'Ecole normale, du Conservatoire des arts et métiers?

Une *Agence des mines* fut décrétée pour étudier les questions relatives à l'industrie minérale, et le 1ᵉʳ vendémiaire de l'an III, elle publiait le premier numéro du *Journal des Mines*. Voici en quels termes elle expose ses projets dans le *Programme* placé en tête : « La liberté prête de nouvelles forces comme de nouvelles vertus aux peuples qui combattent pour elle... La terre de la France est sans doute aussi riche à l'intérieur que féconde à sa surface... Il est temps que le génie de la liberté mette en œuvre les trésors que la nature a tenus pour lui en réserve. A sa voix, le salpêtre est sorti de nos souterrains. Cette voix puissante va retentir jusque dans les entrailles de la terre ; les républicains y trouveront ce que la politique des autres peuples leur refuse : du fer et de la houille ; voilà surtout ce qu'exigent les circonstances. Laissons les peuples amollis par la servitude donner le nom de précieux aux métaux brillants et rares ; ce qui est précieux pour nous, c'est ce qui sert à nous défendre. »

(N'oublions pas que nous sommes à une époque d'effervescence républicaine, et que, quelques mois plus tard, les candidats à l'Ecole polytechnique devaient justifier, en outre de leurs connaissances mathématiques, qu'ils possédaient la haine des tyrans et l'amour de la liberté !)

« Le Comité de Salut public a vu que l'intérêt de la liberté exigeait que les mines fussent vivifiées. Une agence a été organisée, sous l'autorité de la Commission des armes et poudres, pour s'en occuper spécialement. Cette agence préside à une maison d'instruction, qui réunira un cabinet de minéralogie, une bibliothèque, un laboratoire, un dépôt de dessins et de modèles. En hiver, les officiers des mines y donneront des leçons ; en été, ils parcourront la république pour répandre des lumières en ajoutant aux leurs ; des élèves les suivront dans ces tournées. Ainsi, toujours l'instruction s'unira aux soins administratifs : mélange dont il n'appartient qu'à un pays libre d'offrir le principe et l'exemple. »

Ce programme était signé Ch. Coquebert, et approuvé par le Comité de Salut public composé de Carnot, Fourcroy, Thuriot, Prieur, Laloy, Ch. Cochon et Merlin. L'Agence des mines avait été créée par arrêté du 13 messidor (1er juillet 1794). Elle était formée de trois membres, et avait dans ses attributions huit inspecteurs, douze ingénieurs et quarante élèves des mines, sous l'autorité de la *Commission des armes et poudres*.

Les cours, publics et gratuits, faits par les inspecteurs, étaient au nombre de quatre : minéralogie et géographie physique, extraction des mines, docimasie ou essai des mines, métallurgie ou travail des mines en grand.

La maison d'instruction fut, par arrêté du 24 messidor an II (12 juillet 1794), installée dans la maison Mouchy, rue de l'Université, n° 293. Cet hôtel, qui porte aujourd'hui le n° 71, est actuellement occupé par le Dépôt général de la guerre.

Dès le principe, ses collections s'accrurent de divers cabinets importants. C'est ainsi qu'en fructidor, le Comité de Salut public mit à la disposition de l'Agence des mines la collection minéralogique recueillie par Guettard, et les livres de minéralogie, métallurgie et chimie, les manuscrits et modèles relatifs aux mines provenant de la bibliothèque de Dietrich, *ci-devant maire* de Strasbourg. L'année suivante (an III), on fit l'acquisition d'un cabinet de minéralogie provenant de la succession du citoyen Joubert. Les gouvernements qui suivirent ne se montrèrent pas moins généreux pour l'Ecole des mines. Ainsi, en 1845, un crédit de 112,000 francs fut alloué pour acquérir la collection minéralogique du marquis de Drée ; en 1847, on acheta la collection de fossiles houillers de M. Græser. Tout récemment encore, les belles collections de MM. Michelin et de Barrande sont venues augmenter les richesses scientifiques du musée de l'Ecole.

Un arrêté du 16 fructidor (27 septembre 1794) fixait les conditions du concours pour les élèves des mines de la République. Les connaissances exigées étaient les éléments de géométrie, jusques et y compris les sections coniques, les éléments de statique, l'art des projections, la levée et le dessin des plans, des notions de physique générale et de chimie.

L'article V de ce règlement est bien remarquable. « L'examinateur, est-il dit, s'attachera moins à faire juger le candidat selon les principes de tel ou tel ouvrage, qu'à s'assurer de son intelligence. » Ce principe, si juste et si fécond, s'est fidèlement transmis jusqu'à nos jours, et on lui doit sans nul doute les heureux résultats qu'a produits notre Ecole des mines, et le caractère large et élevé de son enseignement. Ailleurs, au contraire, la sujétion de la lettre a étouffé la vie de l'enseignement, et n'a laissé que des germes stériles dans l'esprit des élèves. L'exemple de plusieurs grands établissements d'instruction étrangers devrait servir d'avertissement à nos institutions de l'Université.

L'organisation nouvelle fut complétée par l'arrêté du 15 vendémiaire an III (6 octobre 1794), donnant la liste des officiers des mines de la République. Le corps enseignant était ainsi composé :

Minéralogie et géographie physique.

HASSENFRATZ.

Cristallographie.

HAUY.

Extraction des mines.

GUILLOT (DUHAMEL) père.
LAVERRIÈRE, suppléant.

Métallurgie.

SCHREIBER.
GIROUD, MICHÉ, MUTHUON, suppléants.

Docimasie.

VAUQUELIN.

A ces chaires fondamentales étaient adjoints des cours accessoires ainsi répartis :

Perspective et physique générale.

HAUY.

Mathématiques.

TONNELIER.

Coupe des pierres et bois.

HASSENFRATZ,
BROCHANT DE VILLIERS, suppléant.

En même temps que l'instruction supérieure était organisée, on songeait à former des ouvriers capables, et une *école d'aciérie* était fondée dans le district d'Exideuil. Les élèves devaient être pris parmi les affineurs employés dans les *forges à batture* des départements voisins.

La *Maison d'instruction* placée dans les attributions de l'Agence des mines n'était qu'une première tentative. Elle fut bientôt complétée par la loi du 30 vendémiaire an IV (22 octobre 1795), par laquelle la Convention nationale organisait les écoles de services publics, et créait d'un seul coup l'Ecole polytechnique, les écoles d'artillerie, l'Ecole des ingénieurs militaires, l'Ecole des ponts et chaussées, l'Ecole des mines, l'Ecole des géographes, l'Ecole des ingénieurs de vaisseaux, les écoles de navigation et les écoles de marine, institutions utiles, dont la plupart subsistent encore, et qui ont rendu tant de services à toutes les branches de l'art de l'ingénieur.

L'Agence des mines devenait en même temps le *Conseil des mines*, placé dans les attributions du ministre de l'intérieur.

La même loi décidait l'établissement d'une école pratique pour l'exploitation et le traitement des substances minérales, placée près d'une mine appartenant à la République et déjà en exploitation.

Le nombre des élèves des mines était réduit à vingt, sortant de l'Ecole polytechnique, mais l'Ecole admettait en outre dix externes. Telle est l'origine des *élèves externes*, qui ont fourni au génie civil un si grand nombre d'ingénieurs distingués, et pris une part considérable au développement qu'a atteint aujourd'hui l'industrie minérale en France.

Sous l'empire de ce régime, l'enseignement fut partagé de la manière suivante ·

Dénomination des chaires.		Professeurs.
Minéralogie.	an IV	HAUY.
	an V.........	HAUY et BRONGNIART.
	an VI.......	HAUY et TONNELIER.
	an VII.......	HAUY seul.
Géographie physique et gîtes des minerais	an V........	CH. COQUEBERT.
Puis *géologie*	ans VI et sq..	DOLOMIEU.
Extraction des mines	an IV.......	DUHAMEL fils.
	an V........	DUHAMEL fils et BAILLET.
Puis *exploitation des mines*	an VI à an X.	BAILLET.
Métallurgie	ans IV et V..	MICHÉ.
	an VI,	MICHÉ et HASSENFRATZ.
	an VII et sq..	HASSENFRATZ seul.
Puis *minéralurgie*	an X........	HASSENFRATZ.
Docimasie	ans IV et V..	VAUQUELIN.
Puis *chimie et docimasie*	ans VI et sq..	VAUQUELIN.
	an X........	DESCOTILS.
Mathématiques et mécanique	an IV	TONNELIER.
Géométrie descriptive	an VI........	LEFROY.

On a vu que la loi du 30 vendémiaire an IV avait ordonné l'établissement d'une école pratique des mines près d'une mine domaniale. La réalisation de ce projet se fit attendre, et après l'étude de diverses combinaisons, elle eut lieu, mais au détriment de l'Ecole de Paris.

Un arrêté des consuls, en date du 23 pluviôse an X (12 février 1802), institua en effet deux écoles, l'une à Geislautern, département de la Sarre, pour le traitement des mines de fer et l'exploitation de la houille, l'autre à Pesey, département du Mont-Blanc, pour l'exploitation des mines de plomb, cuivre et argent, et des sources salées.

La première de ces écoles n'a jamais reçu d'élèves, bien qu'on ait fait toutes les dispositions nécessaires pour les recevoir, et que Duhamel en eût été nommé directeur.

L'Ecole de Pesey fut ouverte dès le commencement de l'année de sa création. On y transporta tout ce qui était nécessaire à l'instruction des élèves, en conservant à l'hôtel de Mouchy le laboratoire de chimie et la collection minéralogique. Pesey était la mine affectée à l'enseignement pratique; mais c'est à Moutiers, capitale de la Tarentaise, que l'Ecole était réellement établie.

Trois professeurs furent chargés de l'enseignement à l'Ecole de Moutiers, savoir : M. Brochant de Villiers, pour la *minéralogie* et la *géologie*, M. Baillet, pour l'*exploitation des mines*, et M. Hassenfratz, pour la *minéralurgie*. L'Ecole était placée sous la direction de M. Schreiber. Le professeur de minéralurgie faisait en outre des leçons de docimasie, à défaut d'une chaire spéciale consacrée à cette science.

Les événements de 1814 et 1815, en privant la France du fruit de ses conquêtes, lui firent perdre l'Ecole de Pesey, ainsi que celle qui s'organisait à Geislautern, et l'enseignement de l'art des mines resta à peu près complétement suspendu pendant deux ans.

Le besoin de favoriser et développer cet ordre de connaissances se faisait cependant sentir. Aussi, le gouvernement nouveau, par ordonnance du 2 août 1816, créa-t-il d'abord une école des mineurs à Saint-Etienne. Quatre mois plus tard, on reconstituait l'Ecole des mines de Paris.

La période actuelle de l'Ecole des mines commence à cette ordonnance royale du 5 décembre 1816, qui la rétablit à Paris, et décida qu'elle aurait dans les départements une ou plusieurs succursales, sous le titre d'écoles pratiques des mines. Les cours restaient les mêmes. Le nombre des élèves externes était fixé à neuf, de même que pour les élèves ingénieurs.

Les connaissances exigées pour l'admission des élèves externes comprenaient (3 juin 1817) : l'arithmétique et l'exposé du nouveau système métrique ; l'algèbre y compris le binôme de Newton ; la théorie des proportions et progressions, celle des logarithmes et l'usage des tables ; la géométrie élémentaire, la trigonométrie rectiligne et l'usage des tables de sinus ; la discussion des lignes du premier et du deuxième ordre, les propriétés principales des sections coniques ; les éléments de statique et d'hydrostatique, et des notions de physique et de chimie.

L'Ecole des mines de Paris était dès lors définitivement constituée, et l'enseignement n'y a reçu que des améliorations successives, par modification des programmes ou création de cours nouveaux, sans rien lui faire perdre de son caractère primitif, l'association des plus hautes données de la science à l'expérience du praticien, et le développement des idées générales, des grands principes qui doivent guider et éclairer l'ingénieur dans sa carrière, plutôt que la description minutieuse et sèche de machines, d'appareils décrits dans tous les traités.

Le programme d'admission des élèves externes fut reproduit, presque sans changements, dans le règlement du 30 juillet 1847.

L'arrêté ministériel du 17 avril 1849 créa les cours de paléontologie, de constructions industrielles et chemins de fer, et de législation des mines, qui formèrent l'utile complément d'un système d'enseignement largement conçu.

Enfin, le 15 septembre 1856, un décret impérial réorganisa l'Ecole des mines, et réglementa son régime intérieur. Nous ferons connaître ces dispositions nouvelles au paragraphe renfermant les renseignements qui concernent les élèves externes.

L'éducation des élèves n'avait pas été cependant le seul objet de sollicitude pendant cette longue période, et des améliorations matérielles avaient été réalisées dans le local affecté à l'Ecole et dans les collections. En 1827, une loi autorisa le gouvernement à acquérir, moyennant le prix de 380,000 francs, l'hôtel Vendôme, situé rue d'Enfer, 34 (plus tard 30), pour y établir définitivement l'Ecole des mines. Le prolongement du boulevard de Sébastopol (actuellement boulevard Saint-Michel) ayant nécessité la démolition de deux pavillons occupés par les laboratoires et les salles de dessin, on a entrepris des travaux d'agrandissement qui feront de l'Ecole de Paris le monument de ce genre le plus remarquable, sinon par son côté architectural, du moins par son aménagement intérieur et les ressources de tout genre qu'il présentera à l'étude des sciences minéralurgiques.

Il convient de signaler parmi les créations utiles, annexes de l'Ecole des mines, la collection statistique des départements, dont l'objet est de présenter aux savants et aux industriels l'inventaire, en quelque sorte, des richesses minérales du pays.

Un bureau d'essais gratuits pour les substances minérales fut créé par arrêté ministériel du 16 novembre 1845, et depuis cette époque il n'a cessé de rendre à l'industrie les plus grands services sous la direction des chimistes éminents qui, depuis sa fondation, en ont dirigé les travaux.

Il ne paraît pas inutile de rappeler en peu de mots, comme nous l'avons fait pour les deux premières périodes, les noms des professeurs dont s'honore l'école des mines de Paris depuis 1816, époque de sa reconstitution. Beaucoup ont laissé de glorieux souvenirs dans la science, et sont inscrits aux fastes de l'Institut. Tous ont puissamment contribué, par leurs travaux, leurs leçons, leur zèle, au progrès de l'industrie minière et métallurgique en France.

La *minéralogie* et la *géologie* sont représentées d'abord par M. Brochant de Villiers, qui avait repris ses fonctions de professeur lorsque l'école de Paris rouvrit ses portes. En 1826, M. Dufrénoy fut nommé professeur suppléant ; en 1827, M. Brochant se fit suppléer pour la *minéralogie* par M. Dufrénoy, et pour la *géologie* par M. Élie de Beaumont. Depuis lors, ces deux chaires sont restées séparées.

Celle de *minéralogie* a été occupée successivement par Dufrénoy comme titulaire (1835), de Sénarmont (1847), et M. Daubrée (1862).

Le cours de *géologie* a pour professeur titulaire, depuis 1835, M. Élie de Beaumont, suppléé par M. de Chancourtois à partir de 1856.

En 1848, l'enseignement de la *paléontologie* a été distrait du cours de *géologie* et confié à M. Bayle, d'abord chargé de leçons, et professeur titulaire par arrêté du 8 avril 1864.

Les trois cours de *minéralogie, géologie* et *paléontologie*
sont publics.

Exploitation des mines. — Professeurs : Baillet (1816),
M. Combes (1832), M. Callon, suppléant (1848), M. Callon,
titulaire (1856).

Minéralurgie. — Professeurs : Hassenfratz (1816), Gue-
nyveau (1823), M. Le Play (1849), Piot (1856), M. Rivot, par
intérim (1858); M. Gruner (1858).

Docimasie. — Professeurs : Berthier (1817), M. Régnault,
professeur adjoint (1839); Ebelmen, professeur adjoint
(1841); Ebelmen, titulaire (1845); M. Rivot (1852).

A ces cours tout à fait spéciaux ont été joints, en raison
des exigences du service confié aux ingénieurs des mines
dans le contrôle des chemins de fer, un cours de *chemins de fer*, créé en 1846 par M. Couche, et auquel a été
annexé, depuis 1848, un cours de *construction* confié au
même professeur.

C'est encore en 1848 qu'a été créée la chaire d'*économie
industrielle* et de *législation des mines*, occupée successivement par Reynaud, à son origine; par M. de Villeneuve
(1852), et M. Lamé-Fleury (1862).

Enfin, un cours de *drainage* et d'*agriculture* complète
le cycle d'enseignement de l'Ecole des mines. Les divers
professeurs ont été : M. de Villeneuve (1854), M. Lamé-
Fleury (1863), M. Delesse (1864).

Le cours de *géométrie descriptive* et de *stéréotomie*, établi
principalement en vue de compléter l'instruction des élèves
externes, fut rétabli en 1820 par Girard, puis fait par
M. Delaunay (1844), M. de Chancourtois (1848), M. Bour
(1860), M. Fuchs (1862).

L'enseignement préparatoire fut complété ensuite par
un cours de *chimie générale* professé successivement par

M. Rivot (1845), M. Bochet (1852), M. Haton (1855), M. Moissenet (1856).

Enfin fut institué le cours de *mécanique rationnelle :*

Professeurs : M. Delaunay (1848), M. Sentis (1850), M. Phillips (1853), M. Bochet (1855), M. Haton de la Goupillière (1856).

Après avoir passé en revue les diverses périodes du développement de l'Ecole des mines de Paris, nous examinerons maintenant les avantages que peuvent retirer de l'instruction qui y est si largement et généreusement donnée les élèves qui, appartenant au génie civil, y sont désignés par la qualification d'*élèves externes*, et nous ferons connaître les conditions d'admission et le régime actuel de l'Ecole à leur égard.

II

DES ÉLÈVES EXTERNES.

Considérée comme école professionnelle, c'est au point de vue des *élèves externes* que l'Ecole des mines de Paris doit être étudiée. Tel sera l'objet de la seconde partie de ce travail, où seront réunis tous les renseignements de nature à guider les jeunes gens qui se destinent à suivre la carrière de l'industrie minéralurgique.

Bien que créée spécialement en vue de former les ingénieurs que réclame le service confié par l'État au *corps impérial des mines*, l'école de Paris a, dès son origine (ainsi qu'on l'a vu), généreusement ouvert ses portes à des élèves destinés au *génie civil*, et qui, sous le titre d'*élèves externes*, y participant à tous les cours et exercices pratiques, y reçoivent gratuitement le même enseignement que les *élèves ingénieurs* du gouvernement.

A ces deux catégories d'élèves, il faut encore joindre les *élèves étrangers*, admis par décision du ministre, sur la demande des ambassadeurs ou chargés d'affaires des puissances étrangères, et les *élèves libres*, simplement autorisés, sur leur demande personnelle, à suivre les cours de l'Ecole des mines.

L'enseignement est commun aux diverses catégories d'élèves ; toutefois, tandis que les élèves ingénieurs et externes ont leurs places réservées aux salles de dessin et aux laboratoires, les élèves étrangers et les élèves libres (ces derniers en seconde ligne) ne participent aux exercices pratiques que dans la mesure du nombre des places restées disponibles dans les salles et les laboratoires.

A la fin de chaque année scolaire, les élèves ingénieurs et externes subissent des examens sur les cours suivis, et, à leur sortie de l'école, les élèves externes qui ont justifié des connaissances nécessaires reçoivent un brevet ou diplôme leur conférant le titre d'*élèves brevetés de l'Ecole impériale des mines de Paris*. Ils portent généralement, dans le public, le titre d'*ingénieurs civils des mines*.

Les examens sont facultatifs pour les élèves étrangers, auxquels on délivre simplement des certificats d'étude.

Les élèves libres ne sont pas admis à ces épreuves.

L'institution des élèves externes a puissamment contribué au développement de l'industrie minérale en France. Aussi, à mesure qu'on l'a mieux compris, le nombre des candidats à ces places s'est-il accru tous les ans, et le niveau des études s'est-il élevé. Par suite, tandis qu'en 1802, nous trouvons à l'Ecole des mines deux seuls élèves externes, envoyés aux frais du département de l'Aveyron, en 1863, le nombre des candidats inscrits était d'une soixantaine, et l'on en admettait vingt à l'école.

Les dispositions relatives à l'admission des élèves externes et au régime intérieur de l'Ecole, commun à toutes les classes d'élèves, ont été plusieurs fois modifiées, notamment par l'ordonnance du 5 décembre 1818 et l'arrêté ministériel du 6 du même mois, par les règlements du 3 juin 1817, du 30 juillet 1847 (qui reconnut les élèves étrangers), du 17 avril 1849, du 31 janvier 1853, du 24 avril 1854 et du 15 septembre 1856.

Sans passer en revue toutes les phases qu'ont subi le programme et le règlement de l'Ecole de Paris, nous nous attacherons uniquement à faire connaître le régime actuellement en vigueur.

Nous croyons utile, cependant, de reproduire une note qui était jointe aux programmes du concours avant l'arrêté de 1853 : « Le but principal de l'institution des élèves externes, disait-on, est de former des directeurs d'exploitations et d'usines métallurgiques. Cependant, l'élévation et la variété d'un enseignement fondé sur la physique, la chimie et la mécanique, sur les sciences naturelles, sur la technologie minérale et les exercices pratiques de l'art de l'ingénieur, enfin sur les notions générales de droit appliquées à la science administrative, sont éminemment propres à compléter toute éducation libérale, à préparer aux positions diverses du commerce et de l'industrie. »

Après 1848, les élèves externes brevetés avaient été compris au nombre des candidats aux fonctions d'auditeurs au Conseil d'État. Mais nous ne croyons pas que cette porte se soit ouverte pour eux, les auditeurs se recrutant dans des conditions qui ne sont pas strictement celles d'un concours.

Enseignement préparatoire.

Pour faciliter l'admission aux places d'élèves externes, des *cours préparatoires* avaient été faits à l'École des mines dès l'époque de sa création. Ces cours ont été réorganisés et complétés par décision ministérielle du 26 décembre 1844.

Actuellement, l'enseignement préparatoire se compose de trois cours oraux et d'exercices pratiques.

Les cours comprennent :

1° Les éléments du calcul infinitésimal et la mécanique rationnelle;

2° La géométrie descriptive et ses applications aux ombres, à la perspective, à la coupe des pierres et à la charpente;

5° La chimie générale.

Chacun de ces cours comporte cinquante-cinq à soixante leçons professées du 15 novembre à la fin de mai.

A la fin de l'année scolaire, le professeur de géométrie descriptive fait un certain nombre de leçons sur les parties de la physique qui traitent plus spécialement des gaz et des vapeurs, de la chaleur et des instruments d'optique.

Les exercices pratiques consistent en *épures* et *lavis*.

Ces cours sont suivis par deux catégories d'élèves : les *élèves titulaires des cours préparatoires*, admis par le ministre après examen, et les *élèves libres*, français ou étrangers, simplement autorisés par le ministre, sur demande personnelle.

Les premiers sont seuls astreints, à la fin de l'année scolaire, à subir un examen sur les diverses parties de l'enseignement.

Les cours d'année préparatoire constituent aujourd'hui une annexe importante de l'Ecole des mines, une sorte d'école spéciale où les élèves qui n'ont point passé par l'Ecole polytechnique viennent puiser les connaissances qui leur sont nécessaires pour aborder l'étude de l'art de l'ingénieur sous les aspects les plus élevés. Beaucoup d'étrangers suivent cet enseignement pour aller concourir ensuite pour les places d'élèves externes à l'Ecole impériale des ponts et chaussées, qui n'offre pas les mêmes ressources pour l'étude des matières comprises dans son programme d'admission.

Tout candidat au titre d'*élève titulaire* des cours préparatoires doit être Français ou naturalisé Français, avoir eu seize ans au moins, vingt-deux ans au plus avant le 1ᵉʳ janvier de l'année dans laquelle il se présente, et subir un *examen préalable* et un *examen définitif*.

La demande d'admission à ces examens doit être adressée au ministre de l'agriculture, du commerce et des travaux publics, avant le 1ᵉʳ septembre, et accompagnée des pièces suivantes :

1° Un extrait régulier de l'acte de naissance du candidat, et au besoin de son acte de naturalisation ;

2° Un certificat de bonnes vie et mœurs délivré par les autorités du lieu de son domicile, et dûment légalisé ;

3° Une déclaration dûment légalisée d'un docteur en médecine, constatant que le candidat a été vacciné ou qu'il a eu la petite vérole ;

4° Au besoin, les pièces officielles constatant que le candidat peut être dispensé de l'*examen préalable*.

Sauf l'exception qui vient d'être mentionnée, les candidats doivent subir, avant le 15 octobre, devant les ingénieurs des mines désignés à cet effet par le ministre, un examen préalable de capacité.

Les candidats qui justifient de leur admissibilité à l'examen du second degré pour l'Ecole polytechnique, sont réputés admissibles à l'examen définitif de l'année préparatoire et dispensés de l'examen préalable.

L'examen définitif a lieu à Paris, devant le conseil de l'Ecole, dans les premiers jours de novembre.

Le conseil détermine l'ordre de mérite des candidats, et en adresse la liste au ministre, qui statue sur l'admission.

Les connaissances exigées actuellement pour l'admission aux cours préparatoires sont les suivantes :

1° Une écriture courante et lisible, une orthographe correcte ;

2° L'arithmétique, l'algèbre et la géométrie, telles qu'elles sont définies par les articles 1 à 42 de la deuxième série du programme des connaissances exigées pour l'examen du baccalauréat ès sciences (arrêté du ministre de l'instruction publique du 7 septembre 1852);

3° La trigonométrie rectiligne, telle qu'elle est définie par les articles 45 à 50, deuxième série du même programme;

4° La physique, telle qu'elle est définie par les articles 12 à 31, troisième série du même programme;

5° La géométrie analytique, telle qu'elle est définie par le programme d'admission à l'Ecole polytechnique, jusques et non compris les surfaces du second degré, programme conforme d'ailleurs à celui adopté pour les classes de mathématiques spéciales des lycées par arrêté ministériel du 26 janvier 1853.

Il serait inutile de donner ici ce programme détaillé, qui se trouve entre les mains de tout le monde, et qui n'est exposé qu'à des modifications de détail sans importance pour le fond.

Les candidats autorisés par décision ministérielle à suivre les cours préparatoires sont, à la fin de ces cours, examinés sur toutes les parties de l'enseignement.

Les élèves qui ont subi les épreuves d'une manière satisfaisante sont admissibles directement, et sans épreuve ultérieure, au concours ouvert dans la première quinzaine du mois de novembre de la même année, pour les places d'élèves externes.

Ceux qui n'ont pas fait preuve d'une instruction suffisante, et ceux qui, sans excuse valable, ne se sont pas présentés aux examens, ne sont pas admis à ce concours, et perdent le droit de participer de nouveau à l'enseignement préparatoire.

Tout élève du cours préparatoire empêché par une raison valable de passer ses examens, tout candidat reconnu admissible au concours pour les places d'élèves externes, mais qui n'a pu en obtenir le titre, a le droit de suivre de nouveau les cours préparatoires.

Nul ne peut néanmoins prendre part à ces cours plus de deux ans, ou, en cas de maladie longue et constatée, plus de trois ans, alors même qu'il aurait satisfait de nouveau aux conditions prescrites pour l'admission au concours.

Les élèves des cours préparatoires ont à suivre deux leçons par semaine sur chacun des trois cours constituant l'objet de leurs études. Ces leçons ont lieu chaque matin, de neuf heures et demie à onze heures. Ils exécutent chez eux les travaux pratiques dont les sujets sont indiqués par le professeur de géométrie descriptive. Il est à espérer que l'agrandissement de l'Ecole des mines permettra de leur réserver une salle de dessin dans les nouveaux bâtiments.

Le programme des cours d'année préparatoire est précisément celui de l'examen pour le titre d'élève externe, dont il va être question ci-après.

Admission des élèves externes.

Les connaissances exigées pour l'admission des élèves externes à l'Ecole impériale des mines sont les suivantes :

1° Une écriture courante et lisible, une orthographe correcte ;

2° Des notions d'analyse infinitésimale ;

3° La mécanique ;

4° La géométrie descriptive et ses applications ;

5° Les parties de la physique qui traitent plus spécialement des gaz et des instruments d'optique ;

6° La chimie générale ;

7° Le dessin géométrique et le lavis.

L'admission des élèves externes à l'Ecole impériale des mines a lieu par voie de concours.

Tout candidat doit être Français ou naturalisé Français, avoir eu dix-sept ans au moins, vingt-trois ans au plus, au 1er janvier de l'année dans laquelle il se présente au concours, et subir deux examens.

La demande d'admission au concours doit être adressée au ministre de l'agriculture, du commerce et des travaux publics avant le 1er septembre, et être accompagnée :

1° D'un extrait régulier de l'acte de naissance du candidat, et, au besoin, de son acte de naturalisation ;

2° D'un certificat de bonnes vie et mœurs, délivré par les autorités du lieu de son domicile et dûment légalisé ;

3° D'une déclaration dûment légalisée, d'un docteur en médecine, constatant que le candidat est vacciné ou qu'il a eu la petite vérole ;

4° Au besoin, des pièces officielles constatant qu'il peut être dispensé de l'examen préalable.

Sauf l'exception qui vient d'être indiquée, les candidats doivent subir, avant le 15 octobre, devant les ingénieurs des mines désignés à cet effet par le ministre, un *examen préalable* de capacité.

Ceux qui, dans cet examen préalable, justifient de connaissances suffisantes, sont déclarés admissibles à l'*examen définitif* du mois de novembre.

Sont de droit admissibles à ce dernier examen les candidats compris dans l'une des catégories suivantes :

1° Les élèves de l'Ecole impériale polytechnique déclarés admissibles dans les services publics, et porteurs d'un certificat de capacité ;

2° Les licenciés ès sciences mathématiques ;

3° Ceux des élèves du cours préparatoire qui auront fait preuve de capacité dans les examens de fin d'année.

Les candidats déclarés ou réputés admissibles au concours, aux termes des articles précédents, subissent des examens définitifs à Paris, dans la première quinzaine de novembre, devant le conseil de l'Ecole, sur toutes les matières énoncées dans les programmes.

Avant l'ouverture des examens, chaque candidat doit déposer à l'Ecole des mines :

1° Une page de français écrite sous la dictée ;

2° Cinq épures de géométrie descriptive : exercices sur la ligne droite et le plan ; résolution des trois cas principaux de l'angle trièdre ; plan tangent à une surface de révolution ; section d'un cône oblique par un plan ; développement du tronc de cône ; intersection de deux cylindres ;

3° Trois épures de coupe des pierres : porte biaise en talus ; descente droite en talus ; escalier en vis à jour ;

4° Une épure de charpente : ferme de comble, avec le détail de tous les assemblages ;

5° Un lavis : représentation et ombre d'une vis, avec son écrou.

Ces diverses pièces doivent porter la déclaration, signée du candidat, qu'elles ont été faites par lui ; elles doivent, en outre, être revêtues d'un visa daté et dûment légalisé d'un professeur.

Les candidats peuvent être appelés à exécuter, sous une surveillance spéciale, les pièces équivalentes à celles ci-dessus énoncées, qui leur seraient désignées par la commission d'examen.

Le conseil de l'Ecole détermine l'ordre de mérite des candidats et en adresse la liste au ministre, qui statue sur l'admission.

Cette liste est accompagnée d'une colonne d'observations, contenant les notes qui pourraient tendre à faire donner la préférence, à égalité de mérite, à tel ou tel candidat, par exemple aux fils de directeurs ou de concessionnaires de mines, de chefs ou de propriétaires d'usines minéralurgiques.

Le nombre des élèves externes admis, variable chaque année avec diverses circonstances, est moyennement de vingt.

Observations sur les programmes d'admission.

Nous joindrons aux renseignements généraux précédents quelques observations propres à guider dans l'étude des matières exigées.

ANALYSE INFINITÉSIMALE. — Le calcul différentiel et le calcul intégral sont exposés dans le cours professé en année préparatoire, conformément aux idées de Carnot sur les infiniment petits, idées qu'il a développées d'une manière remarquable dans ses *Réflexions sur la métaphysique du calcul infinitésimal*. C'est ce mode d'exposition qui est désigné dans le programme sous le nom de *Méthode de la compensation des erreurs*.

Considérée au point de vue didactique, la méthode infinitésimale ainsi présentée ne semble pas toujours suffisamment rigoureuse aux esprits habitués de longue main à la *Méthode des limites ;* mais elle a l'avantage de fournir des démonstrations plus simples et plus rapides et de mieux se prêter aux applications. L'analyse infinitésimale convient donc mieux pour les besoins des recherches des ingénieurs que les procédés devenus classiques avec Lagrange et Sturm. Ce n'est donc pas sans raison qu'on l'a adoptée à l'Ecole des mines.

M. Haton, qui a introduit les idées de Carnot dans l'enseignement de l'année préparatoire , a publié son cours sous le titre d'*Eléments du calcul infinitésimal.*

MÉCANIQUE. — Projections et moments. — Cinématique. — Cinématique appliquée. — Dynamique du point matériel. — Systèmes matériels. — Statique. — Dynamique des systèmes. — Résistances passives.

La méthode infinitésimale domine encore dans le mode d'exposition des principes de la mécanique rationnelle. Le programme se rapproche, du reste , considérablement de celui de l'enseignement de l'Ecole polytechnique, et, en particulier, du cours qu'y faisait, il y a peu d'années, M. Bélanger. Les parties qui s'en éloignent le plus sont les généralités sur les faisceaux, les projections et les moments, envisagés à un point de vue purement géométrique, et les théories relatives aux masses, aux centres de gravité, aux moments d'inertie et aux longueurs d'oscillations, réunies par M. Haton, avec beaucoup d'élégance, sous le titre de *Géométrie des masses.*

L'ouvrage récemment publié de M. Haton (*Traité des mécanismes*) renferme, en outre de beaucoup de développements en dehors de ce programme, les notions relatives à la cinématique appliquée et aux résistances passives, qui sont exigées des candidats.

GÉOMÉTRIE DESCRIPTIVE ET STÉRÉOTOMIE. — Les parties du programme dont l'étude est la plus importante sont, après les intersections de surfaces, les propriétés des surfaces gauches, la perspective, les plans cotés, et, en stéréotomie, les voûtes biaises, sur lesquelles il n'existe encore aucun traité simple et complet. Les méthodes adoptées sont, en général, celles que M. de la Gournerie a fait prévaloir dans ses cours à l'Ecole polytechnique et au Conservatoire des arts et métiers.

PHYSIQUE. — Définition et mesure des quantités de chaleur. — Magnétisme. — Instruments d'optique.

Les leçons faites sur la physique, et qui n'ont du reste qu'une importance secondaire relativement à l'examen, ont surtout pour but de résumer les notions de physique industrielle qui ne doivent pas rester étrangères à un ingénieur. On a déjà tenté, et on finira par adopter définitivement l'introduction de la théorie de l'équivalent mécanique de la chaleur dans l'exposition des lois des phénomènes physiques.

CHIMIE GÉNÉRALE. — Nomenclature chimique. — Equivalents. — Indications sur les atomes.
Première partie. — Étude des métalloïdes. — *Deuxième partie.* — Étude des métaux. — *Troisième partie.* — Chimie organique.

Le cours de chimie générale professé à l'Ecole des mines en année préparatoire offre un exposé très-complet des connaissances chimiques. Ce qu'il présente de particulier, ce sont les préparations de diverses substances en partant de minerais ou de matières minérales brutes. Ces préparations sont une très-utile introduction au cours de *docimasie* que doivent suivre les élèves externes en première et en deuxième année. Malheureusement les candidats qui se présentent directement aux places d'élèves externes trouveront difficilement les éléments des réponses à ces questions. Quant au reste, ils peuvent suivre avec fruit le *Cours de chimie* de M. Cahours.

Enseignement spécial de l'Ecole des mines.

Les cours spéciaux suivis par les élèves de l'Ecole des mines ont pour objet principal l'exploitation des mines et le traitement des substances minérales.

L'enseignement embrasse trois années d'étude, et comprend, outre les leçons orales, des exercices pratiques et des voyages d'instruction.

Les élèves de première année ont à suivre les cours d'exploitation des mines ou de machines, de métallurgie, de minéralogie, de docimasie, de paléontologie et de levers de plans.

Ceux de la deuxième année suivent le cours de machines ou d'exploitation, la deuxième partie des cours de métallurgie et de docimasie, et le cours de géologie. Le cours de paléontologie est facultatif la deuxième année, mais celui de minéralogie doit être redoublé par tout élève qui n'a pas obtenu la note 16 à l'examen de première année sur cette science.

Les élèves de troisième année doivent suivre les cours de constructions industrielles et de chemins de fer, de législation des mines et droit administratif, d'agriculture, irrigations et drainage.

Les élèves des trois années ont à suivre, de plus, les cours d'allemand et d'anglais, pour chacun desquels il existe deux divisions, suivant les connaissances que les élèves peuvent déjà posséder à leur entrée à l'Ecole.

Les cours oraux s'ouvrent chaque année le 15 novembre et se ferment le 15 avril.

Pendant la durée des cours, les élèves de première et de deuxième années travaillent alternativement au laboratoire et au dessin, étudient les collections de l'Ecole des mines, et visitent les usines et ateliers des environs de Paris.

A la suite des examens du mois de mai, les élèves de première année sont exercés aux analyses chimiques en juin et juillet, et au lever des plans pendant le mois d'août. Les notes accordées à ces travaux pratiques comptent pour la deuxième année.

En mai ou juin, les élèves de deuxième année font des courses géologiques sous la direction d'un professeur de l'Ecole. En été, ils doivent exécuter un voyage d'instruction dans divers districts de mines et d'usines, dont le choix est à leur disposition, mais pour lequel ils demandent des instructions au conseil des études. Ils doivent remettre, peu après la réouverture des cours, un journal de voyage, et autant que possible un ou deux mémoires complets, accompagnés de dessins et croquis cotés.

Les élèves de troisième année ont à préparer leur concours de sortie, qui se compose d'un projet d'exploitation et d'un projet de métallurgie, avec dessins d'ensemble et de détails, cotés et lavés à l'effet, mémoire justificatif et devis complet. Les sujets de ces projets sont indiqués à la fin de la deuxième année, afin que les élèves puissent faire servir leur voyage à compléter leurs connaissances relatives au travail qn'ils ont à exécuter.

Ordre intérieur.

Les élèves doivent être présents à l'Ecole de neuf heures et demie à onze heures et de midi à quatre heures. Les jours de cours de langues étrangères, ils ne sortent qu'à cinq heures.

L'arrivée et le départ sont constatés par la signature apposée sur un registre *ad hoc*, le matin avant neuf heures et demie, et le soir à partir de trois heures et demie.

Des appels sont faits dans la journée.

Aucun élève ne peut s'absenter pour un ou plusieurs jours sans autorisation du directeur de l'Ecole. En cas d'indisposition, le médecin de l'Ecole constate le fait et peut donner des exemptions de travail pour un certain temps. A cet effet, il vient deux fois par semaine faire la consultation.

Pour l'assiduité aux cours et aux exercices pratiques, il est attribué à chaque élève un nombre de 100 points par année scolaire. Chaque manque à l'appel, ou défaut de signature, fait perdre 3/5 de point, si l'appel précède un cours, et 2/5 dans les autres cas. On ajoute aux points d'examen ce qui reste des points de présence, qui concourent ainsi au classement de fin d'année. Toutefois, l'élève qui, par son manque d'assiduité, a perdu 50 points dans son année, n'est pas admis à passer dans la division supérieure.

Les salles de dessin sont ouvertes de huit heures et demie du matin à quatre heures du soir; la bibliothèque et les laboratoires, de neuf heures et demie à quatre heures.

Une salle éclairée et chauffée est mise, de six heures à

dix heures du soir, à la disposition des élèves qui en font la demande à l'inspecteur des études.

L'Ecole est fermée les dimanches et fêtes.

Les élèves de première et deuxième années ont par séries, et alternativement, place au dessin et au laboratoire. Ceux de troisième année ont toute l'année place aux salles de dessin pour l'exécution de leurs projets de sortie ; de plus, jusqu'à la fin de janvier, on leur réserve un laboratoire pour les recherches ayant trait à leurs mémoires ou journaux de voyage.

Les peines disciplinaires qui peuvent être infligées aux élèves, pour contraventions aux règlements d'ordre intérieur, ou pour défaut de conduite ou de travail, sont :

1° La réprimande prononcée soit en particulier, soit en présence de leurs camarades, par les professeurs, par l'inspecteur ou par le directeur de l'Ecole ;

2° L'exclusion temporaire des salles d'études et du laboratoire ;

3° L'exclusion temporaire de l'Ecole ;

4° La mise à l'ordre de l'Ecole ;

5° La censure par le Conseil, avec ou sans mise à l'ordre de l'Ecole ;

6° Le retard d'avancement de classe ;

7° L'exclusion définitive de l'Ecole.

Des examens.

Les examens ont lieu à la fin des cours ; ils sont subis, pour chaque cours, à huit jours d'intervalle, devant une commission, composée de deux professeurs et d'un inspecteur général des mines.

L'examen sur les langues étrangères est obligatoire pour tous les élèves.

Pour tous les cours, les épreuves comprennent un examen oral et une composition écrite. Cette dernière se fait avec le secours des livres ou des notes que le candidat croit utile de consulter, et elle a bien plutôt pour but de constater son aptitude à traiter par écrit une question scientifique et à discuter les applications des cours théoriques à l'art de l'ingénieur, que de faire produire à l'élève des tours de force de mémoire, presque toujours stériles. C'est surtout cet esprit large et cette intelligente interprétation de ce que l'on doit attendre d'un jeune ingénieur qui ont toujours caractérisé l'enseignement de l'Ecole des mines, et qui ont porté de si heureux fruits.

Le résultat des examens dans chaque branche d'enseignement, est exprimé par des chiffres variant de 0 à 20.

La valeur relative de ces notes est exprimée par le tableau suivant :

Très-mal à mauvais.	0 à 4
Mauvais à médiocre.	4 à 7
Médiocre à passable.	7 à 10
Passable à assez bien.	10 à 13
Assez bien à bien.	13 à 16
Bien à très-bien.	16 à 18
Très-bien à parfaitement.	18 à 20

Le nombre des points obtenus par les élèves pour chaque cours ou exercice pratique est multiplié par un coefficient, et la somme des produits donne le nombre total des points servant à établir leur classement, soit pour le passage d'une division à l'autre, soit pour la sortie de l'Ecole.

Les coefficients sont fixés ainsi qu'il suit :

Cours d'exploitation et machines.	10
Cours de métallurgie.	9

Cours de minéralogie.	7
Cours de géologie et paléontologie.	7
Cours de docimasie.	7
Cours de construction et chemins de fer.	7
Cours de législation.	3
Cours d'agriculture.	3
Dessin.	7
Mémoires et journaux de voyage.	7
Levers de plans.	4
Exercices de docimasie.	4
Projets de métallurgie.	4
Projets d'exploitation.	4
Langue allemande.	2
Langue anglaise.	2

Pour les branches d'instruction qui comprennent deux années d'étude, et qui donnent lieu ainsi à deux examens, on tient compte des notes attribuées au premier examen, en ajoutant à la note d'examen de deuxième année les 3/10 de la note obtenue l'année précédente, et on multiplie le total par le coefficient 10/13. Cependant, pour l'examen de minéralogie, on ne tient compte que de la plus élevée des deux notes.

Le rang des élèves est fixé chaque année par le nombre total des points qu'ils ont mérités.

Pour être admis à une division supérieure, les élèves doivent avoir une moyenne générale au moins égale à 12. Il faut aussi, que pour toutes les branches de l'enseignement, y compris le dessin et les autres exercices pratiques, les trois moindres notes forment un total qui ne soit pas inférieur à 24.

Les élèves qui ne satisfont pas à ces conditions sont rayés des listes de promotion de l'Ecole. Le Conseil, appréciant l'ensemble des résultats constatés pour chaque élève, peut même prononcer l'exclusion, si une seule note descend à 8.

Il existe dans le règlement constitutif un paragraphe d'après lequel il peut être accordé des prix aux élèves externes qui se distinguent par leurs travaux à l'Ecole. Malheureusement, le Conseil ne paraît pas jusqu'à présent avoir eu recours à cet excellent moyen d'émulation.

Association amicale des Elèves de l'Ecole des mines.

Signalons enfin, pour clore cette étude sur l'Ecole des mines de Paris, une utile et récente création, l'*Association amicale* de ses anciens élèves.

En sortant de l'Ecole, les élèves, en possession d'une instruction solide et variée, sont aptes à embrasser des carrières très-diverses, mais ils ont besoin d'être guidés pour y entrer, et ce n'est qu'après un certain apprentissage qu'ils peuvent se regarder définitivement comme dignes du titre d'ingénieur. A cette époque même, les relations entre les anciens élèves qui cherchent une position et les industriels qui demandent un ingénieur sont souvent difficiles. On ignore où trouver ce que l'on désire rencontrer de part et d'autre.

Depuis longtemps, on avait donc songé à créer un lien commun, et un centre de réunion et de relations entre les élèves et anciens élèves, d'abord, et entre eux et le public industriel, d'autre côté. Des tentatives avaient plusieurs fois été faites, mais étaient restées sans résultat. Enfin, le 24 janvier 1864, on put constituer l'*Association amicale des élèves de l'Ecole des mines de Paris*, et ses statuts furent approuvés par l'autorité compétente, donnant ainsi vie légale à la Société.

Aux termes de l'article 2 de ces statuts, cette association est destinée à maintenir et à resserrer, entre les élèves et les anciens élèves, toutes les relations ayant pour but d'être utiles à leur carrière.

Deux registres sont consignés au siége de la Société, le premier pour recueillir tous les renseignements utiles à l'Association ou à ses membres, l'autre pour recevoir les demandes adressées au comité.

Cette nouvelle institution ne peut donc manquer de rendre de grands services aux élèves externes. Elle aura aussi pour résultat de faire mieux connaître les élèves de l'Ecole des mines, et de rappeler que beaucoup d'eux ont occupé et occupent actuellement un rang éminent dans la science et dans l'industrie.

FIN.

ASSORTIMENT COMPLET DE LIVRES

POUR

LES CANDIDATS A L'ÉCOLE DES MINES

ET POUR

LES ÉLÈVES DES COURS PRÉPARATOIRES ET DES COURS SPÉCIAUX

Nota. Tous ces ouvrages se trouvent à la librairie polytechnique Noblet et Baudry, éditeurs, à Paris, rue des Saints-Pères. — A Liége, même maison.

I. — Examens d'admission aux cours préparatoires.

ARITHMÉTIQUE.

CIRODDE. — Leçons d'arithmétique. In-8.   4 fr.

BEYNAC. — Traité d'arithmétique à l'usage des candidats au baccalauréat et aux écoles du gouvernement. In-8.   6 fr.

GÉOMÉTRIE.

LEGENDRE ET BLANCHET. — Eléments de géométrie. In-8, fig.   4 fr.

AMIOT. — Eléments de géométrie. In-8, fig.   5 fr.

CATALAN. — Théorèmes et problèmes de géométrie élémentaire. In-8 avec 15 planches.   6 fr.

ALGÈBRE.

BERTRAND. — Traité d'algèbre. 2ᵉ édition augmentée par M. **GARCET.** 2 vol. in-8.   10 fr.

BRIOT. — Leçons d'algèbre. 2 vol. in-8.   8 fr.

SONNET. — Problèmes et exercices d'arithmétique et d'algèbre. 2 vol. in-8.   5 fr.

LALANDE ET REYNAUD. — Tables de logarithmes. In-12.   2 fr.

HOUEL. — Tables de logarithmes. In-8.   2 fr.

TRIGONOMÉTRIE.

SERRET. — Traité de trigonométrie. In-8 avec planches.   4 fr.

ROGUET. — Leçons de trigonométrie. In-8.   2 fr. 25

GÉOMÉTRIE ANALYTIQUE.

DELISLE et GERONO. — Géométrie analytique. In-8 et planches. 8 fr.

SONNET et FRONTERA. — Eléments de géométrie analytique. In-8, planches et fig. 7 fr. 50

RITT. — Problèmes de géométrie analytique. In-8. 5 fr.

II. — Cours préparatoires et examens d'admission aux places d'élèves externes.

CALCUL INFINITÉSIMAL.

CARNOT. — Réflexions sur la métaphysique du calcul infinitésimal. In-8, planches. 4 fr.

HATON DE LA GOUPILLIÈRE. — Eléments de calcul infinitésimal. In-8, fig. 6 fr.

BERTRAND. — Traité de calcul différentiel. In-4, fig. 30 fr.

FRENET. — Recueil d'exercices sur le calcul infinitésimal. In-8 avec planches. 5 fr.

DE FREYCINET. — De l'analyse infinitésimale. Etude sur la métaphysique du haut calcul. In-8, fig. 6 fr.

MÉCANIQUE RATIONNELLE.

DELAUNAY. — Traité de mécanique rationnelle. In-8, fig. 7 fr.

RÉSAL. — Traité de cinématique pure. In-8, figures dans le texte. 6 fr.

BÉLANGER. — Traité de cinématique. In-8 avec planches. 8 fr.

BÉLANGER. — Traité de la dynamique d'un point matériel. In-8. 4 fr.

DE FREYCINET. — Traité de mécanique rationnelle. 2 vol. in-8. 14 fr.

HATON DE LA GOUPILLIÈRE. — Traité théorique et pratique des engrenages. In-8, fig. 3 fr. 50

HATON DE LA GOUPILLIÈRE. — Traité des mécanismes. In-8 avec planches. 10 fr.

LABOULAYE. — Traité de cinématique, ou Théorie des mécanismes. In-8, fig. 15 fr.

F. JULLIEN. — Problèmes de mécanique rationnelle. 2 vol. in-8, fig. 12 fr.

GÉOMÉTRIE DESCRIPTIVE ET APPLICATIONS.

LEROY. — Traité de géométrie descriptive. 1 vol. et atlas in-4. 16 fr.

DE LA GOURNERIE. — Traité de géométrie descriptive. 3 parties et atlas de 156 planches. 30 fr.

DE LA GOURNERIE. — Traité de perspective linéaire. In-4 et atlas de 45 planches. 40 fr.

LEROY. — Traité de stéréotomie. In-4 et atlas de 74 planches. 26 fr.

DOULIOT. — Traité de la coupe des pierres, et supplément sur les ponts biais. 2 vol. in-4, 120 planches. 30 fr.

CHIMIE GÉNÉRALE.

RÉGNAULT. — Cours élémentaire de chimie. 4 vol. in-12, 700 figures
et 2 planches.   20 fr.

CAHOURS. — Traité de chimie générale élémentaire. 3 vol. in-12, fig. et
planches.   12 fr.

MALAGUTI. — Leçons élémentaires de chimie. 4 vol. in-12.   16 fr.

NAQUET. — Principes de chimie fondés sur les théories modernes. 1 vol.
in-12.   6 fr.

PHYSIQUE.

DAGUIN. — Traité élémentaire de physique théorique et expérimentale.
4 vol. in-8, fig.   30 fr.

GANOT. — Traité élémentaire de physique expérimentale. In-12, fig.   7 fr.

BÈDE. — Programme d'un cours de physique. In-8 avec planches.   6 fr.

III. — Cours spéciaux. — Cours de 1re et 2e années.

DOCIMASIE.

BERTHIER. — Traité des essais par la voie sèche. 2 vol. in-8 (*rare*).
NOTA. — Les principaux travaux de Berthier sont résumés dans le
Traité de métallurgie de PERCY.

ROSE. — Traité complet de chimie analytique. 2 vol. in-8.

L'analyse quantitative. 1 vol.   12 fr.

L'analyse qualitative. 1 vol.   12 fr.

RIVOT. Docimasie. Traité d'analyse des substances minérales. 4 vol. in-8
avec planches.   50 fr.

MINÉRALOGIE.

DUFRÉNOY. — Traité complet de minéralogie. 5 vol. in-8, dont 1 vol. de
planches.   48 fr.

A BURAT. — Minéralogie appliquée. 1 vol. in-8 avec 224 figures dans le
texte.   10 fr.

ROSE. — Éléments de cristallographie. Traduits par M. RÉGNAULT.
1 vol. in-8, et atlas.   2 fr.

MILLER. — Traité de cristallographie. Traduit par M. de SÉNARMONT.
1 vol. in-8.   5 fr.

DEWALQUE. — Atlas de cristallographie. 24 planches avec texte.   4 fr.

GÉOLOGIE.

LYELL. — Manuel de géologie élémentaire. 2 vol. et supplément, avec
figures.   21 fr. 25

DUFRÉNOY ET ÉLIE DE BEAUMONT. — Description de la carte géolo-
gique de France. 4 vol. in-4.   67 fr. 50
Les deux premiers volumes sont parus.

A. BURAT. — Géologie pratique. (Première partie du Traité du gisement et de l'exploitation des minéraux utiles). 2 vol. in-8, fig. et planches. 20 fr.

E. DE BEAUMONT. — Notice sur les systèmes de montagnes. 3 vol. in-18. (*Rare.*)

DE CHANCOURTOIS. — Vis tellurique. In-4.   5 fr.

PALÉONTOLOGIE.

D'ORBIGNY. — Cours élémentaire de paléontologie et de géologie stratigraphiques. 3 vol. in-12, 1,046 gravures et atlas in-4.   15 fr.

PICTET. — Traité de paléontologie. 4 vol. in-8 et atlas.   80 fr.

BAYLE. — Cours lithographié de l'Ecole des ponts et chaussées (minéralogie, géologie, *paléontologie*). 1 seul fascicule paru. Grand in-4. 7 fr. 50

EXPLOITATION DES MINES.

COMBES. — Traité de l'exploitation des mines. 3 vol. in-8 et atlas in-4. (*Rare.*)

A. BURAT. — Exploitation des mines (deuxième partie du Traité du gisement et de l'exploitation des minéraux utiles). 2 vol. in-8, fig. et planches.   20 fr.

PONSON. — Traité de l'exploitation des mines de houille. 4 vol. et atlas. (*Rare.*)

A. BURAT. — Le Matériel des houillères. 1 vol. grand in-8, et un atlas de 77 planches in-fol.   60 fr.

A BURAT. — Supplément au Matériel des houillères. 1 vol. grand in-8 et atlas de 40 planches.   30 fr.

LESOINNE ET GILLON. — Préparation mécanique des minerais. (Premier volume du traité général de métallurgie). 1 vol. grand in-8 et atlas.

12 fr.

MÉTALLURGIE.

PERCY. — Traité complet de métallurgie, avec introduction, notes et appendice, par A. E. Petitgand et A. Ronna. Cet ouvrage formera plusieurs volumes grand in-8, avec des gravures à l'échelle intercalées dans le texte. Prix pour les souscripteurs, chaque volume.   12 fr. 50
Tome 1er. — Généralités, combustibles, produits réfractaires, construction des fourneaux.
Tomes II, III et IV. — Fer, fonte et acier.
Tome V. — Cuivre, zinc et leurs alliages.
Tome VI. — Platine, or, argent, plomb, etc.

JULLIEN. — Traité théorique et pratique de la métallurgie du fer. In-4 et atlas.   36 fr.

RIVOT. — Traité de métallurgie théorique et pratique (cuivre, plomb, argent). 2 vol. in-8 et planches.   20 fr.

GRUNER ET LAN. — Etat présent de la métallurgie du fer en Angleterre. In-8 et planches.   15 fr.

GRATEAU. — Mémoire sur la fabrication de l'acier fondu par le procédé Chenot. In-8 avec planches.   2 fr. 50

PLATTNER. — Traité théorique des procédés métallurgiques de grillage. Traduit par M. Fétis. In-8 et planches.   12 fr.

RONGÉ. — Fabrication de la tôle en Belgique. In-8 et planches.   5 fr.

JORDAN. — Fabrication des fontes d'hématite en Angleterre. In-8 avec planches.   4 fr.

— État actuel de la métallurgie du fer dans le pays de Siegen. In-8 avec planches.   5 fr.

CAHEN. — Métallurgie du plomb en Belgique. In-8 avec planches et tableaux.   5 fr.

PETITGAND. — Exploitation et traitement des plombs dans le midi de l'Espagne. In-8 avec planches.   4 fr.

GÉRONDEAU. — Notice sur l'agglomération des charbons menus. In-8 avec planches.   4 fr.

FÉTIS. — Traitement des minerais de cuivre à l'usine de Stern. In-8 avec planches.   2 fr. 50

GRUNER. — Affinage de la fonte pour fer et acier par le procédé Bessemer. 1 br. in-8.   1 fr.

— Notice sur la fabrication des agglomérés. 1 br. in-8.   1 fr. 75

MÉCANIQUE APPLIQUÉE.

D'AUBUISSON. — Traité d'hydraulique. 1 vol. in-8 avec planches. 10 fr.

MORIN. — Hydraulique. 1 vol. in-8.   9 fr.

ARMENGAUD. — Traité des moteurs hydrauliques. In-4 et atlas in-fol.   25 fr.

JULLIEN. — Traité théorique et pratique de la construction des machines à vapeur. In-4, figures.   35 fr.

ARMENGAUD. — Traité des moteurs à vapeur. 2 vol. et atlas. In-4. 50 fr.

BÉLANGER. — Théorie de la résistance et de la flexion plane des solides. In-8 avec planches.   4 fr. 50

TOPOGRAPHIE.

SALNEUVE. — Cours de topographie et de géodésie. In-8.   10 fr.

BRETON (de Champ). — Traité du nivellement. In-8 avec planches. 5 fr.

BRUN. — Traité des opérations sur le terrain : les tracés, les nivellements. In-8, fig.   4 fr. 50

Cours de 3ᵉ année.

CONSTRUCTION.

NAVIER. — Résumé des leçons sur l'application de la mécanique à l'établissement des constructions des machines. Tome Iᵉʳ. — Résistance des matériaux avec notes de M. de Saint-Venant. 2 vol. in-8. 25 fr.

MORIN. — Résistance des matériaux. 2 vol. in-8, fig.   15 fr.

CHEMINS DE FER.

PERDONNET. — Traité élémentaire des chemins de fer. Nouvelle édition. (Sous presse.)

GOSCHLER. — Traité de l'exploitation et de l'entretien des chemins de fer. 4 vol. in-8, fig. et planches (2 volumes parus).   24 fr.

LE CHATELIER, FLACHAT, PETIET ET **POLONCEAU.** Guide du mécanicien constructeur et conducteur des machines locomotives. Grand in-8 et atlas. 18 fr.

COUCHE. — Chemins de fer d'Allemagne en 1854. Travaux d'art, voie, matériel. 1 vol. in-8 avec planches. 6 fr.

COUCHE. — Des mesures propres à prévenir les collisions sur les chemins de fer. In-8. 2 fr.

LÉGISLATION.

LAMÉ-FLEURY. — Recueil de lois, décrets et ordonnances. (*Rare.*)

LAMÉ-FLEURY. — Texte annoté de la loi du 21 avril 1810. In-8. (*Rare.*)

DUPONT. — Traité pratique de la jurisprudence des mines, minières, forges et carrières. 3 vol. in-8. 25 fr.

VIDAL. — Législation des machines à vapeur. Décret du 25 janvier 1865, lois et ordonnances en vigueur. Texte du droit commun et commentaire. 1 fr. 50

AGRICULTURE ET DRAINAGE.

HERVÉ-MANGON. — Instructions pratiques sur le drainage. 1 vol. in-12, fig. 2 fr. 50.

PAYEN ET **RICHARD.** — Précis d'agriculture théorique et pratique. 2 vol. in-8. 7 fr. 50

DE VILLENEUVE-FLAGOSE. — Etudes sur le drainage en France dans ses rapports avec la météorologie et la géologie. 1 vol. in-8, planches. 2 fr. 50

Manuels à l'usage des ingénieurs.

FRANÇAIS.

MORIN. — Aide-mémoire de mécanique pratique. In-8, fig. 9 fr.

CLAUDEL. — Formules, tables et renseignements pratiques. In-8, fig. et planches. Nouvelle édition très-augmentée. 13 fr. 50

T. RICHARD. — Aide-mémoire général et alphabétique des ingénieurs. 2 vol. in-8 et atlas. 30 fr.

ALLEMAND.

REDTENBACHER. — Resultate für den Maschinenbau. 1 vol. in-8 et atlas. 22 fr.

ROESSLER. — Technischer Hilfs-und-Handbuch.

ANGLAIS.

FAIRBAIRN. — Useful informations for engineers.

ESPAGNOL.

VALDÈS. — Manual del ingenerio. Grand in-8 et atlas in-fol. 50 fr.

Paris. — Typographie HENNUYER ET FILS, rue du Boulevard, 7,

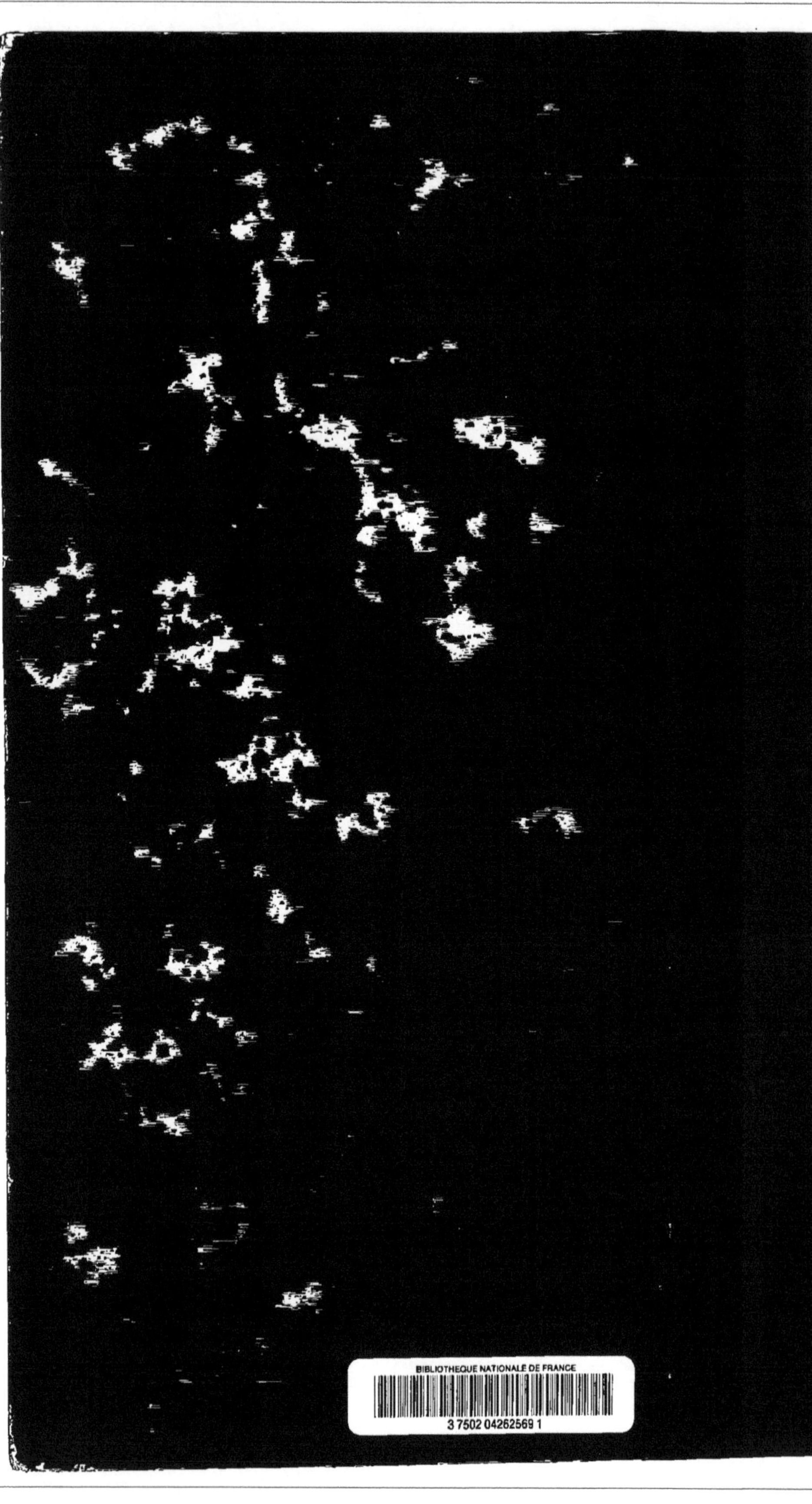
BIBLIOTHEQUE NATIONALE DE FRANCE
3 7502 04262569 1

www.ingramcontent.com/pod-product-compliance
Ingram Content Group UK Ltd.
Pitfield, Milton Keynes, MK11 3LW, UK
UKHW021628090726
13657UKWH00004B/1524